Derechos de autor © 2024 Daniel Ayme

Todos los derechos reservados

Los personajes y eventos que se presentan en este libro son ficticios. Cualquier similitud con personas reales, vivas o muertas, es una coincidencia y no algo intencionado por parte del autor.

Ninguna parte de este libro puede ser reproducida ni almacenada en un sistema de recuperación, ni transmitida de cualquier forma o por cualquier medio, electrónico, o de fotocopia, grabación o de cualquier otro modo, sin el permiso expreso del editor.

CONTENIDO

Derechos de autor

Introducción — 2

Capítulo 1: Desentrañar la mentalidad de la riqueza — 8

Capítulo 2: Visualización financiera avanzada — 16

Capítulo 3: La energía de la gratitud y el dinero — 24

Capítulo 4: Afirmaciones y programación mental para la abundancia — 31

Capítulo 5: El poder del desapego — 39

Capítulo 6: Acciones y prácticas alineadas con la abundancia — 47

Capítulo 7: Permanecer en la frecuencia de la abundancia — 55

Conclusión: Su nueva vida en sintonía con la prosperidad — 63

Bibliografía recomendada — 68

DANIEL AYME

La Frecuencia de la Prosperidad: Sintonizar con la Abundancia Financiera

Daniel Ayme

INTRODUCCIÓN

Ciencia y filosofía de la prosperidad

La idea de que podemos aprovechar la "vibración del dinero" puede parecer mística o incluso un poco abstracta a primera vista. Sin embargo, detrás de este concepto encontramos una rica combinación de ciencia y filosofía que puede ayudar a cualquiera a comprender y, sobre todo, a aplicar el principio de la abundancia en su propia vida. Entrar en la vibración del dinero es, en realidad, alinearse con la prosperidad, ajustando pensamientos, emociones y acciones para que trabajen en armonía, atrayendo los recursos financieros que deseamos. Esto implica tanto una comprensión teórica como un compromiso práctico, y es de esta unión entre ciencia y práctica de lo que vamos a hablar.

El concepto de "vibración del dinero

Pero, ¿qué significa realmente "vibración del dinero"? Piensa en el universo como un campo de energía donde todo, incluidos nuestros pensamientos y sentimientos, está en constante movimiento y vibración. Cuando hablamos de vibración del dinero, nos referimos a *un estado mental y emocional que nos pone en sintonía con la frecuencia de la abundancia y la prosperidad.* Este enfoque sugiere que, como una emisora de radio, necesitamos ajustar nuestra propia "frecuencia" para captar las oportunidades financieras y permitir que el flujo de riqueza se manifieste en nuestras vidas.

Este concepto no es sólo filosófico; se basa en ideas que la ciencia moderna está explorando cada vez más, especialmente en campos como la física cuántica, la neurociencia y la psicología positiva. Por supuesto, *no atraemos el dinero únicamente a través del pensamiento positivo,* pero la forma en que pensamos y sentimos sobre el dinero crea un campo magnético a nuestro alrededor que influye tanto en nuestra percepción como en nuestras acciones. Así que cuando ajustamos nuestra vibración a la frecuencia de la prosperidad, estamos cambiando literalmente la forma en que nos relacionamos con el dinero.

El vínculo entre pensamiento, emoción y abundancia

Muchos estudios demuestran que nuestro estado emocional afecta directamente a nuestra forma de pensar y actuar, y esto también se aplica al dinero. Cuando estamos en un estado de miedo o ansiedad por las finanzas, nuestro cerebro funciona a un nivel de supervivencia, lo que nos limita a pensar en la escasez y a tomar decisiones financieras reactivas. En cambio, *cuando cultivamos sentimientos de gratitud, seguridad y confianza*, nuestro cerebro activa áreas relacionadas con la creatividad, la resolución de problemas y la toma de decisiones equilibrada, todas ellas esenciales para prosperar financieramente.

La neurociencia ha contribuido a esta comprensión, demostrando que nuestros patrones de pensamiento moldean las conexiones de nuestro cerebro. Al repetir emociones y pensamientos relacionados con la abundancia y la gratitud, creamos nuevos circuitos neuronales que nos ayudan a aprovechar oportunidades financieras donde antes veíamos obstáculos. Es más, cuando mantenemos una perspectiva positiva y próspera hacia el dinero, nuestro cerebro libera neurotransmisores que nos hacen sentir bien, lo que refuerza estos patrones y crea un círculo virtuoso. En otras palabras, *pensar en la abundancia no es sólo un ejercicio de optimismo; es una reprogramación neuronal que nos ayuda a alinearnos con la frecuencia de la prosperidad.*

La física cuántica y la realidad de la abundancia

La física cuántica también ha aportado interesantes conocimientos sobre la naturaleza de la realidad y cómo nuestras intenciones pueden influir en el mundo que nos rodea. En términos sencillos, la física cuántica sugiere que todo en el universo está hecho de energía, que vibra a diferentes frecuencias. Esto significa que nuestros pensamientos, sentimientos e incluso intenciones son una forma de energía que influye en nuestro entorno. Aunque este concepto pueda parecer atrevido, abre la posibilidad de que *nuestros estados mentales y emocionales moldeen realmente la realidad que experimentamos*, incluida nuestra relación con el dinero.

Por supuesto, la física cuántica sigue siendo un campo en desarrollo y no todo se entiende del todo, pero sus principios han inspirado enfoques innovadores para comprender cómo interactúa nuestra mente con el mundo físico. Esta ciencia refuerza la idea de que no somos meros espectadores pasivos de la realidad, sino *participantes activos*, capaces de influir en lo que nos ocurre. Aplicado al concepto de vibración del dinero, esto significa que al cultivar intencionadamente sentimientos y pensamientos de prosperidad, estamos, en cierto modo, ajustando nuestra realidad financiera.

Psicología positiva y ciencia del bienestar

La psicología positiva es otro campo que tiene mucho que aportar a nuestra comprensión de la prosperidad. Desarrollada para estudiar lo que hace que las personas se sientan realizadas y felices, esta ciencia también investiga el papel de los pensamientos positivos, las emociones elevadas y las intenciones en nuestra calidad de vida. Los estudios de psicología positiva demuestran que las personas que alimentan una visión de abundancia en sus vidas suelen alcanzar más éxito financiero. No es casualidad: *cuando creemos que podemos alcanzar la prosperidad, nuestro cerebro se vuelve más receptivo a las oportunidades*, y nuestro comportamiento refleja esta confianza.

Otro aspecto interesante de la psicología positiva es la práctica de la gratitud. Los estudios demuestran que las personas agradecidas son más resistentes y optimistas, y estas características están estrechamente relacionadas con el éxito financiero. Al practicar la gratitud por lo que ya tenemos, creamos una mentalidad de abundancia que elimina el miedo a la escasez y nos permite tomar decisiones financieras más sensatas. *La gratitud nos ayuda a centrarnos en lo positivo de nuestra vida, creando una base emocional estable para atraer más prosperidad.*

Ciencia y filosofía juntas

La combinación de estos estudios científicos con las filosofías de la prosperidad crea un poderoso modelo para comprender cómo podemos sintonizar nuestra vibración con la del dinero. No se trata de magia ni de ilusiones; es un enfoque basado en el conocimiento de cómo funcionan nuestro cerebro y nuestro sistema emocional, combinado con una visión filosófica del papel de la intención y la alineación energética. A partir de esta comprensión, cada persona puede construir su propia estrategia de prosperidad, poniendo en práctica estos conceptos en su vida diaria y notando los cambios que aportan.

Entrar en la vibración del dinero es un proceso que requiere práctica e intención constante. Pero a medida que nos alineamos con este estado de prosperidad, nuestra vida financiera empieza a reflejar esta nueva sintonía. La ciencia y la filosofía juntas nos recuerdan que somos capaces de moldear nuestro destino financiero con nuestra mente y nuestras emociones, creando una realidad de abundancia verdadera y sostenible.

CAPÍTULO 1: DESENTRAÑAR LA MENTALIDAD DE LA RIQUEZA

"La verdadera riqueza empieza en la mente; el dinero es sólo la consecuencia".

Nuestro mundo financiero es en gran medida un reflejo de las creencias que tenemos sobre él. A menudo, la forma en que pensamos sobre el dinero puede ayudarnos a prosperar o impedirnos alcanzar el éxito financiero que deseamos. Si alguna vez se ha preguntado por qué algunas personas parecen atraer oportunidades financieras con facilidad mientras que otras luchan contra la escasez, una de las respuestas puede estar en las *creencias limitantes* que usted tiene. Este capítulo está diseñado para ayudarte a identificar y transformar esos bloqueos invisibles que, sin que te des cuenta, están limitando el flujo de prosperidad en tu vida.

Para muchos de nosotros, hablar de dinero es un tema delicado porque no sólo implica números, sino también emociones profundas, creencias e incluso recuerdos de la infancia. Las creencias limitantes sobre el dinero, aunque a veces no nos demos cuenta, se forman desde una edad temprana y se anclan en nuestra mente, dando forma a la manera en que vemos la riqueza, las oportunidades y la abundancia que nos rodean. *Por eso, al transformar estas creencias, en realidad estás cambiando tu forma de relacionarte con el mundo financiero y las posibilidades que ofrece.*

Las raíces de las creencias limitantes

En primer lugar, entendamos qué son las creencias limitantes. Una creencia limitante es un pensamiento o una idea que crees cierta y que restringe tu potencial de crecimiento o realización. En el caso del dinero, estas creencias pueden adoptar muchas formas, como *"no soy bueno con el dinero"*, *"el dinero es difícil de conseguir"* o *"sólo la gente con suerte se hace rica"*. Son como las gafas de sol que llevamos para ver el mundo financiero: distorsionan la realidad, limitan nuestra visión y nos hacen creer que somos incapaces de prosperar.

Estas creencias suelen tener su origen en influencias externas: *puede ser algo que hemos oído a nuestros padres, algo que hemos visto en los medios de comunicación o experiencias financieras difíciles que hemos tenido en el pasado.* Por ejemplo, una persona que creció en un entorno en el que el dinero se asociaba constantemente con preocupaciones y problemas financieros tiende a desarrollar una relación emocional negativa con la riqueza. Sin darse cuenta, arrastran estas impresiones hasta la edad adulta, lo que influye en todas sus decisiones financieras.

El impacto de las creencias limitantes en el flujo financiero

Imagina que intentas llenar un cubo de agua, pero el cubo está lleno de agujeros. Por mucho que lo intentes, el agua seguirá filtrándose y el cubo nunca estará lleno. Lo mismo ocurre con las creencias limitantes: "filtran" nuestra energía y nos impiden prosperar económicamente. *Bloquean el flujo de riqueza, como barreras invisibles que creamos para protegernos del miedo, la inseguridad o el propio cambio.* A veces este bloqueo se produce porque inconscientemente tememos el éxito financiero, pensando que nos traerá responsabilidades que no queremos o que no nos querrán si somos ricos.

Los estudios demuestran que la *mentalidad de escasez*, caracterizada por la creencia de que los recursos son limitados y nunca habrá suficientes, puede influir directamente en el comportamiento financiero. Las personas con esta mentalidad tienden a evitar las inversiones, a permanecer en empleos mal pagados o a gastar impulsivamente, temiendo que el dinero desaparezca en cualquier momento. La buena noticia es que estas creencias pueden transformarse.

Mentalidad de crecimiento y riqueza: la clave de la prosperidad

Mientras que las creencias limitantes nos frenan, la *mentalidad de crecimiento* nos impulsa hacia delante. Este concepto, ampliamente estudiado en psicología, se refiere a la creencia de que las habilidades, los talentos e incluso las situaciones financieras pueden desarrollarse y mejorar con esfuerzo, aprendizaje y persistencia. Cuando aplicamos esta mentalidad al dinero, llegamos a ver la riqueza como algo que se puede construir, independientemente de las circunstancias. En lugar de creer que nacemos con suerte o desgracia financiera, adoptamos la idea de que somos *capaces de moldear nuestra realidad financiera*.

La ciencia nos proporciona pruebas de que una mentalidad de crecimiento influye directamente en nuestro éxito. Las personas con esta mentalidad tienden a invertir en educación financiera, a buscar nuevas oportunidades y a ver los retos financieros como oportunidades de aprendizaje. Esto se traduce en una mayor capacidad para ahorrar, invertir y multiplicar los recursos. Y lo más interesante: este tipo de mentalidad se puede aprender. Exploremos algunos ejercicios que puedes empezar a hacer ahora para desarrollar tu mentalidad de crecimiento y dejar atrás las creencias limitantes.

Ejercicio práctico: Identifica tus creencias limitantes

Antes de poder transformar tus creencias, tienes que identificarlas. Tómate un momento de tranquilidad y haz el siguiente ejercicio:

1. **Escribe todas las frases que te vengan a la mente cuando pienses en el dinero.** No filtres nada; simplemente escríbelas. Cosas como *"no tengo suficiente dinero"*, *"el dinero es la raíz de todos los males"*, *"los ricos son egoístas"*, entre otras.

2. **Lee cada frase y pregúntate: "¿Esta creencia refleja realmente la realidad o es sólo un pensamiento que he estado arrastrando?"** A menudo, te darás cuenta de que estas creencias son el resultado de experiencias pasadas o de opiniones de otras personas, pero que no tienen ninguna base real en el presente.

3. **Transforma cada creencia limitante en una afirmación positiva y fortalecedora.** Por ejemplo, si escribiste "el dinero es difícil de conseguir", conviértela en "el dinero me llega de forma abundante y natural". Repite estas nuevas afirmaciones a diario para reprogramar tu mente.

Este sencillo ejercicio le ayudará a *descubrir las raíces de sus creencias financieras y a sustituirlas por un nuevo patrón de pensamiento*. Con el tiempo, notarás que tu visión del dinero se vuelve más positiva, lo que abrirá espacio para nuevas oportunidades y logros.

Cultivar una mentalidad de crecimiento: paso a paso

1. **Invierte en educación financiera:** Aprender sobre finanzas personales, inversiones y economía es esencial para desarrollar la confianza y tomar decisiones con mayor conocimiento de causa. Con cada nueva lección, refuerzas la idea de que eres capaz de crecer financieramente.

2. **Considere los errores como oportunidades para aprender:** Si algo le ha salido mal, pregúntese: *¿qué puedo aprender de ello?* Cada error puede ser una valiosa lección que te acerque a tus objetivos financieros.

3. **Establece objetivos financieros realistas y alcanzables:** Una mentalidad de crecimiento se nutre de objetivos claros. Fíjate metas cuantificables y pequeños hitos que puedas cumplir, manteniendo la motivación y celebrando cada logro.

4. **Rodéate de gente con mentalidad de crecimiento:** Estar rodeado de gente con una perspectiva positiva y próspera te ayuda a adoptar también esta mentalidad. Únete a grupos financieros, lee historias de éxito y mantente inspirado.

Ejemplo real: la transformación de Juliana

Juliana es un claro ejemplo de cómo el cambio de creencias puede transformar una vida financiera. Desde muy joven creyó que el dinero era difícil de conseguir y que para tener una vida financiera estable tendría que renunciar a cosas importantes como el tiempo y la libertad. Cuando empezó a trabajar, sus gastos eran impulsivos y el miedo a no tener nunca suficiente le hacía tomar decisiones equivocadas. Juliana estaba atrapada en un ciclo de escasez.

Un día, leyendo sobre la mentalidad de crecimiento, decidió cuestionar estas creencias. Empezó a ver el dinero como una herramienta que podía ayudarla a llevar una vida mejor, en lugar de algo a lo que debía temer. *Con esta nueva visión, Juliana elaboró un plan de acción, empezó a estudiar finanzas, se fijó objetivos claros y poco a poco fue cambiando sus hábitos.* Hoy, no sólo ha conseguido la seguridad financiera que buscaba, sino que también ha descubierto que el dinero puede ser una fuente de libertad y realización, no de miedo.

Transforma tus creencias y transforma tu vida

Desentrañar la mentalidad de riqueza es un poderoso proceso de autodescubrimiento. Con cada creencia limitante que superes, te acercarás a una realidad financiera más próspera y acorde con tus deseos. *Recuerda que tú tienes el poder de moldear tu relación con el dinero.* Como Juliana y tantas otras personas que se han atrevido a cambiar, tú también puedes abrir la puerta a la prosperidad creyendo que es posible.

Al aplicar estos conceptos y ejercicios a tu vida, estarás dando pasos concretos para transformar tu mentalidad y, como consecuencia, tu realidad financiera. Al fin y al cabo, la verdadera riqueza no empieza en tu cuenta bancaria, sino en tu mente.

CAPÍTULO 2: VISUALIZACIÓN FINANCIERA AVANZADA

"La riqueza empieza en la mente, antes de aparecer en cualquier cuenta bancaria".

¿Sabía que la forma en que imaginamos nuestra vida financiera puede moldear literalmente las conexiones de nuestro cerebro para alcanzar el éxito? Este poder de la mente para "crear lo que aún no existe" no es sólo una habilidad artística o intuitiva; es un proceso basado en la ciencia y la práctica. Exploremos cómo la visualización puede ser el camino para convertir las ideas en prósperas realidades financieras.

La ciencia de la visualización financiera: moldear el cerebro para el éxito

La visualización es un ejercicio poderoso, y no sólo para quienes practican deportes de alto rendimiento u otras actividades de concentración. Cuando visualizamos repetidamente el mismo escenario u objetivo, *nuestro cerebro empieza a tratar esta imagen mental como si fuera una experiencia real.* Las investigaciones sobre neuroplasticidad, la capacidad del cerebro para reconfigurarse, demuestran que el cerebro no distingue bien entre lo que imaginamos vívidamente y lo que experimentamos realmente. Responde a ambas de la misma manera.

Por ejemplo, un estudio de la Universidad de Harvard demostró que las personas que visualizan repetidamente un objetivo tienen más probabilidades de alcanzarlo. *Esta práctica aumenta la motivación y activa áreas del cerebro asociadas a la planificación y la ejecución.* Así que, al utilizar la visualización financiera, en realidad estás "entrenando" a tu cerebro para que sea más receptivo a las oportunidades de prosperidad y para que perciba y busque los caminos que conducen al éxito.

El secreto de la visualización financiera no consiste en desear dinero vagamente o limitarse a pensar "quiero ser rico". Una visualización financiera eficaz debe ser clara, detallada y emocional. Implica crear un escenario que conecte las sensaciones de la mente y el cuerpo, permitiéndole verse mentalmente alcanzando ya sus objetivos financieros y sintiendo la satisfacción y la seguridad que ello conlleva. *"Sé específico",* aconsejan muchos expertos en visualización, porque cuanto más detallada sea, más realista será la imagen mental y se intensificará el impacto en el cerebro.

Práctica de visualización guiada: el poder de las imágenes mentales con intención

Para que esta técnica funcione, puedes utilizar la visualización guiada, una práctica que conduce la mente a través de un proceso bien guiado y enfocado. Intenta dedicar unos minutos al día a una práctica de visualización guiada para fortalecer tus "músculos mentales" de la riqueza. Hagamos un ejercicio:

1. **Elija un lugar tranquilo y cómodo** donde pueda relajarse sin interrupciones.

2. **Cierra los ojos y respira profundamente** tres veces, concentrándote en cada inhalación y exhalación.

3. **Imagina una escena concreta** en la que ya has alcanzado la libertad financiera que deseas. Piensa en los detalles: *dónde estás, qué estás haciendo y con quién estás*. Siente la alegría y la gratitud de vivir en ese momento.

4. **Conecta con las sensaciones corporales.** Siente la calma, la confianza y la satisfacción en tu cuerpo, como si ese momento fuera real.

5. **Practica repitiendo esta visualización todos los días**. Si es posible, hazlo a la misma hora para crear una rutina mental.

Este tipo de práctica puede parecer sencilla, pero sus efectos son profundos. Los estudios demuestran que la repetición de visualizaciones aumenta la neuroplasticidad y refuerza las conexiones neuronales que favorecen el comportamiento orientado a objetivos.

Técnicas de visualización creativa: nuevas formas de concebir la riqueza

Además de la visualización guiada, existen formas creativas de ampliar la práctica e integrarla en la vida cotidiana. Considera la visualización creativa como una forma de hacer que el proceso sea aún más impactante y agradable. Algunos enfoques que pueden ayudar son

- **Tableros de visión financiera**: Crea un tablero de visión que sea visualmente inspirador y reúna imágenes que representen tu objetivo financiero. Puede ser una foto de la casa, el coche o el lugar de trabajo de tus sueños. Cuélgalo en un lugar visible para poder mirarlo todos los días y recordar tu objetivo.

- **Diario de visualización**: Lleva un cuaderno o diario en el que describas tu futuro financiero con todo detalle, como si ya estuviera ocurriendo. *Utiliza el tiempo presente*, por ejemplo: "Hoy tengo una vida abundante y cómoda. Cada mes llegan nuevos recursos y sigo avanzando con seguridad financiera."

- **Explorar los sentidos**: cuando visualices, intenta involucrar todos tus sentidos:

piensa en lo que se siente al tocar el volante de tu coche nuevo, al oír el sonido de tu casa en un barrio tranquilo, al oler el aroma de un entorno de trabajo inspirador. Esta práctica refuerza aún más las imágenes mentales.

- **Meditación visual para la riqueza**: Practica una meditación centrada en la riqueza, empezando por la respiración y pasando a una visualización específica. Imagina que el dinero fluye saludablemente hacia tu vida, que cada billete y cada moneda llegan con fluidez y constancia.

Estas prácticas ayudan a solidificar la visualización, creando una experiencia casi táctil del objetivo. Es esta claridad la que impulsa al cerebro a trabajar hacia lo que percibe como una realidad tangible.

Casos prácticos: visualización en la vida real

¿Quiere saber cómo funciona en la práctica? Veamos algunos ejemplos inspiradores que muestran cómo la visualización ha sido una herramienta real de cambio para quienes buscan la prosperidad.

Sara, una empresaria en ciernes, luchaba por establecer su negocio. Todo el mundo le decía que el mercado era demasiado competitivo, pero ella sentía que su idea tenía cabida. Decidida, Sara empezó a practicar la visualización financiera. Cada día *se veía a sí misma firmando contratos, recibiendo pagos y viendo cómo florecía su negocio*. En menos de un año, sus prácticas de visualización, combinadas con trabajo duro, se convirtieron en realidad: su negocio prosperaba y estaba ampliando su mercado.

Otro ejemplo es el de *Rafael*, un empleado que soñaba con mejorar su situación financiera para dar estabilidad a su familia. Utilizó una técnica de visualización guiada, centrándose diariamente en verse a sí mismo en una mejor posición financiera. Meses después, Rafael se sentía más motivado en su trabajo y sus ahorros habían aumentado. Dice que, al visualizar el éxito, empezó a ver más oportunidades y a asumir riesgos calculados, como invertir en cursos que le cualificaban para ascensos.

Estos casos ilustran que la visualización no es sólo un ejercicio mental, sino una práctica que refuerza el comportamiento positivo y la toma de decisiones asertivas, acercando a las personas a sus objetivos financieros.

Práctica y persistencia: aplicar la visualización a la rutina

La práctica constante es esencial para que la visualización sea realmente eficaz. *La clave es la persistencia.* Visualizar tu objetivo una o dos veces puede ayudar, pero es la continuidad lo que hace que la imagen mental se establezca en el subconsciente, influyendo en las decisiones diarias.

Aquí tienes una guía paso a paso para incluir la visualización financiera en tu rutina:

1. **Empiece el día con una breve visualización**: Nada más levantarse, dedique dos minutos a visualizar su

día ideal. Imagina las oportunidades financieras que surgen y las medidas que tomarás para aprovecharlas.

2. **Visualización nocturna**: Antes de irte a dormir, dedica unos minutos a repasar mentalmente tu objetivo financiero a largo plazo. Refuerza la visualización de lo que quieres conseguir.

3. **Reafirmación durante el día**: Siempre que sea posible, reafirme mentalmente su visión. Pequeños recordatorios a lo largo del día refuerzan tu compromiso con tus objetivos.

4. **Práctica semanal de visualización completa**: Elija un día de la semana para realizar una visualización completa, en la que pueda dedicarse de verdad y visualizar todos los aspectos de su objetivo financiero en detalle.

Cultivar una mentalidad de prosperidad con la frecuencia del dinero

Visualizar también es una forma de sintonizar tu mentalidad con la frecuencia del dinero, un concepto que sugiere que los pensamientos de abundancia atraen la prosperidad. *Imagina la frecuencia del dinero como una onda de energía que responde a nuestros pensamientos y emociones.* Cuando tu mente y tu cuerpo sintonizan con esta energía de abundancia, tiendes a actuar de una forma más abierta a nuevas oportunidades financieras.

Cuando conectes con la frecuencia del dinero, visualízate no sólo alcanzando una cifra o un objetivo concreto, sino sintiéndote seguro, satisfecho y merecedor de todo lo que se te presente. Esta práctica, con el tiempo, refuerza la confianza en ti mismo y el optimismo, impulsándote a la acción inspirada.

La visualización financiera es mucho más que un ejercicio de imaginación. Es una poderosa herramienta que transforma la mente y el cerebro para ver, atraer y crear oportunidades de riqueza. Al entrenar tu cerebro con visualizaciones claras y detalladas, no solo refuerzas tu deseo de prosperidad, sino que también te preparas para aprovechar las oportunidades que se te presenten.

CAPÍTULO 3: LA ENERGÍA DE LA GRATITUD Y EL DINERO

"La gratitud no enriquece tu cuenta bancaria, pero transforma tu forma de ver y tratar el dinero".

¿Cuántas veces has estado agradecido por el dinero que tienes, por lo que ya has conseguido o incluso por lo que aún está en camino? En la vida cotidiana, a menudo nos centramos en la falta, las facturas por pagar y el miedo a no tener suficiente. Pero, ¿y si le dijera que el secreto de una vida financiera más próspera reside en la gratitud? La gratitud es más que una emoción pasajera; es una práctica, una forma de atraer energía positiva y de cambiar la frecuencia en la que vives, lo que en consecuencia repercute en tu relación con el dinero.

La gratitud como catalizador de la abundancia

La ciencia y la espiritualidad tienen algo importante

en común: ambas nos dicen que aquello en lo que nos centramos tiende a crecer en nuestras vidas. *Cuando damos las gracias por lo que ya tenemos, estamos, en esencia, señalando al universo (o a nuestra propia mente) que merecemos y estamos preparados para recibir más.* La gratitud se convierte entonces en un imán, un catalizador de la abundancia.

Imagina el dinero como una planta que cultivas. Si la descuidas, quejándote de que no crece lo bastante rápido, la planta tiende a marchitarse. Sin embargo, si la riegas con cuidado y gratitud, prospera. La misma lógica se aplica al dinero. Cuando ves el dinero como un recurso limitado, escaso y difícil de mantener, tu energía para atraer más disminuye. Pero si agradeces cada moneda, cada oportunidad y cada recurso que te llega, *activas una energía que atrae más abundancia.*

Este principio también está respaldado por estudios científicos que demuestran que *practicar la gratitud reduce el estrés y aumenta el bienestar*, lo que puede repercutir directamente en nuestra capacidad para tomar decisiones financieras más asertivas y conscientes. En un estudio realizado por la Universidad de California, dirigido por Robert Emmons, se descubrió que las personas que practican la gratitud con regularidad manifiestan menos sentimientos de envidia y una mayor satisfacción con su propia vida, factores que influyen indirectamente incluso en su forma de tratar el dinero.

Ejercicios diarios de gratitud financiera

Ahora, puede que te estés preguntando: "¿Cómo puedo aplicar esta práctica de la gratitud a mi vida financiera diaria?". Voy a guiarte a través de algunos ejercicios sencillos pero poderosos para que puedas empezar a sentir esta transformación.

1. Diario de gratitud financiera

Cada noche, antes de irte a dormir, escribe tres cosas relacionadas con el dinero o los recursos materiales por las que te sientas agradecido. Puede ser cualquier cosa: una factura que has conseguido pagar, un regalo que has recibido o incluso la posibilidad de tener un techo bajo el que cobijarte. *Este ejercicio te ayudará a reorientar tu atención hacia lo que ya tienes,* reduciendo tu miedo a la escasez y aumentando tu sensación de plenitud.

2. Acuse recibo de cada pago

Cada vez que pagues una factura, un préstamo o una compra en el mercado, *da las gracias*. Puede parecer sencillo, pero este acto transforma el pago de un "gasto" a un "intercambio de energía". Al dar las gracias, te recuerdas a ti mismo que ese dinero sirve para algo y creas así una relación más armoniosa con tus finanzas.

3. Visualizar la abundancia

Este ejercicio consiste en imaginar la vida financiera de tus sueños y dar las gracias como si ya fuera una realidad. *Cierra los ojos, visualízate en una situación financiera cómoda y da las gracias por ello.* Cuando practicas esta visualización con gratitud, tu mente empieza a trabajar a favor de tus objetivos financieros, tomando decisiones más acordes con esta visión de abundancia.

Estos pequeños rituales de gratitud, cuando se practican a diario, tienen el poder de transformar tu mentalidad y, con el tiempo, crear un flujo de dinero más positivo en tu vida.

Pruebas científicas del impacto de la gratitud

La gratitud no es sólo una práctica espiritual o motivacional; también tiene sólidos fundamentos científicos. Los estudios demuestran que la gratitud puede reducir los niveles de cortisol, la hormona del estrés, al tiempo que aumenta la producción de dopamina, la "hormona del placer" [Emmons & McCullough, 2003] . Cuando estamos más tranquilos y satisfechos, tendemos a tomar decisiones más racionales y meditadas, incluidas las financieras.

Otro estudio interesante, publicado por la Asociación Americana de Psicología, demostró que las personas que cultivan con frecuencia la gratitud tienen una percepción más optimista de la vida y una mayor capacidad de resistencia en tiempos de crisis financiera. *En otras palabras, la gratitud no sólo mejora nuestra relación con el dinero, sino que también nos fortalece para afrontar los inevitables retos financieros que se nos presentan.*

Lo curioso aquí es que, según esta misma investigación, las personas que practican la gratitud son más propensas a adoptar comportamientos de ahorro e inversión. *¿Por qué? Porque la gratitud fomenta un sentimiento de seguridad y satisfacción con el presente, lo que reduce la necesidad de gastar impulsivamente en busca de gratificación inmediata.*

Guía paso a paso para poner en práctica la gratitud financiera

1. Inicie **un ritual matutino y vespertino:** Comience y termine el día dando las gracias por una cosa específica relacionada con su bienestar financiero.

2. **Ten un objeto simbólico:** Elige un objeto que simbolice para ti la abundancia, como una moneda o una piedra, y llévalo contigo. *Cada vez que sientas ansiedad por el dinero, sujétalo y da gracias por lo que ya tienes.*

3. **Revise sus finanzas con gratitud:** Revise sus gastos e ingresos del mes con el objetivo de encontrar motivos para estar agradecido. Este ejercicio puede ayudar a crear una relación más positiva con el dinero y a reducir el estrés financiero.

4. **Utiliza frases de agradecimiento: Acostúmbrate** a dar las gracias mentalmente o en voz alta cada vez que recibas dinero. Di algo como: *"Estoy agradecido por el dinero que he recibido, y lo*

recibo con alegría y sabiduría".

5. **Practica la Generosidad Consciente:** Dona una pequeña cantidad o ayuda a alguien que lo necesite. *La generosidad es una extensión de la gratitud y crea un flujo de energía positiva a tu alrededor, además de reforzar la sensación de abundancia.*

Historias de transformación con gratitud financiera

Quiero compartir con vosotros la historia de Ana, una amiga que siempre veía el dinero con una mezcla de miedo e insatisfacción. Trabajaba sin descanso, pero el dinero parecía "desaparecer" antes de final de mes. Cuando Ana empezó a practicar la gratitud, al principio se sintió escéptica. ¿Cómo podía estar agradecida por algo que siempre parecía faltarle?

Pero poco a poco empezó a ver cambios. *Empezó a agradecer cada pequeña victoria financiera,* como poder pagar una factura sin demora o ahorrar una pequeña cantidad de dinero. Al cabo de un año, informó de que su ansiedad financiera se había reducido drásticamente y que había acumulado más ahorros que en años anteriores. La gratitud no "trajo" el dinero por arte de magia, pero transformó su relación con él, lo que facilitó la creación de nuevas oportunidades y comportamientos financieros.

El dinero como frecuencia: conectar con la

abundancia

Por último, es importante recordar que el dinero también es una forma de energía, una frecuencia. Cuando vibras en sintonía con la abundancia, *abandonando el miedo y cultivando la gratitud*, te alineas de forma natural con la frecuencia del dinero. Es como una emisora de radio: para escuchar una canción concreta, tienes que sintonizar la emisora adecuada. La gratitud es el botón que ajusta la sintonía a una emisora de abundancia.

Prueba esta práctica y verás cómo cambia no sólo tu relación con el dinero, sino también la forma en que te sientes contigo mismo y con la vida. *Tienes las herramientas para transformar tu vida financiera y crear la abundancia que deseas.* Empieza hoy mismo, con un simple acto de gratitud.

CAPÍTULO 4: AFIRMACIONES Y PROGRAMACIÓN MENTAL PARA LA ABUNDANCIA

"Eres lo que crees que eres. Y lo que crees define lo que atraes".

¿Se ha dado cuenta alguna vez de cómo ciertos pensamientos parecen guiar nuestras acciones e incluso moldear nuestra realidad? A menudo, estas creencias pasan desapercibidas, funcionando como una programación automática, grabada en nuestro subconsciente. ¿Y qué son esas creencias? Nada más que ideas, repetidas una y otra vez hasta que se convierten en parte de nosotros. Ahora imagina que puedes elegir conscientemente estas ideas, sustituyendo las viejas y negativas por otras que refuercen la prosperidad y la abundancia.

Esa es la magia de las afirmaciones y la programación mental. En este capítulo, aprenderá a crear afirmaciones poderosas para transformar su relación con el dinero y reprogramar su mente para la prosperidad.

Cómo funcionan las afirmaciones y su influencia en el subconsciente

Las afirmaciones son frases positivas que repetimos intencionadamente para influir en nuestros pensamientos y emociones. Pero no son sólo palabras vacías; *son herramientas capaces de reconfigurar el subconsciente*. Cuando repetimos una afirmación, estamos literalmente "martilleando" una idea en nuestra mente, y con el tiempo se convierte en parte de nuestro sistema de creencias.

Nuestro subconsciente es una especie de "banco de datos" donde se almacenan todas las experiencias y creencias que hemos adquirido a lo largo de nuestra vida. Absorbe lo que repetimos a menudo y actúa en función de esta información, influyendo en todo, desde nuestras decisiones hasta nuestra forma de ver el mundo. *Por eso, cambiar lo que repetimos mentalmente puede reescribir los cimientos de nuestra realidad.*

Según un estudio publicado por la Asociación Americana de Psicología, las personas que repiten afirmaciones positivas muestran mayor resiliencia y confianza en sí mismas, lo que les lleva a tomar decisiones más acordes con sus objetivos. Aplicar esta práctica a su vida financiera es como plantar semillas de prosperidad en su mente, cambiando gradualmente su forma de tratar el dinero.

Formulación de estados financieros eficaces

Ahora que sabes qué son las afirmaciones, ¿cómo puedes crear unas que realmente marquen la diferencia? Voy a compartir una guía práctica paso a paso para que puedas crear afirmaciones que resuenen profundamente en tu mente y produzcan resultados.

1. Utilizar frases en presente

Es importante que las afirmaciones estén siempre en presente, como si lo que quieres ya estuviera sucediendo. *Decir "soy próspero" es más poderoso que "seré próspero"*, porque el subconsciente no entiende de futuro, sino que responde al presente.

2. Sea específico

Afirmaciones vagas como "Quiero tener más dinero" tienen menos impacto. En su lugar, céntrate en algo más concreto, como "Atraigo nuevas oportunidades de ingresos cada día" o "Gestiono bien el dinero que recibo y crece constantemente."

3. Añadir emoción

La emoción es el combustible de las afirmaciones. Cuando pones emoción en una frase, ésta se vuelve mucho más poderosa, porque tu subconsciente capta esa intensidad. Imagínate a ti mismo diciendo "Soy digno de toda la abundancia que el universo tiene que ofrecer" con alegría y gratitud. *Cuantos más sentimientos positivos pongas en ella, más profunda será la huella que deje en tu subconsciente.*

4. Evitar los negativos

Evite las palabras negativas en las afirmaciones, ya que el subconsciente tiende a ignorar la negación y a centrarse sólo en el resto de la frase. Por ejemplo, "No quiero tener deudas" puede ser interpretado por el subconsciente como "Quiero tener deudas". *Formule la afirmación de forma positiva, como "Tengo un control total sobre mis finanzas y prospero con ellas".*

5. Elija afirmaciones alineadas con sus valores

Si la afirmación no te parece auténtica o no tiene sentido para ti, no tendrá el mismo impacto. Las afirmaciones deben reflejar tus valores y creencias más profundos. *Por ejemplo, si valoras la libertad, utiliza afirmaciones que enfaticen cómo el dinero aumenta tu libertad y autonomía.*

Ejemplos de afirmaciones para la abundancia financiera

Aquí tienes algunas sugerencias de afirmaciones que puedes empezar a repetir cada día. Elige las que más resuenen contigo o adáptalas para crear versiones aún más personales.

1. *"Atraigo riqueza y prosperidad constante y abundantemente".*
2. *"Soy digno y merezco toda la abundancia que ofrece el universo".*

3. *"Administro mi dinero con prudencia y crece cada día".*

4. *"Estoy agradecido por todas las oportunidades económicas que se me presentan".*

5. *"Cada día me alineo más con la frecuencia de la prosperidad".*

Intenta repetir estas frases nada más levantarte y antes de irte a dormir. La idea es que estas afirmaciones se conviertan en parte de tu rutina, como un recordatorio diario de que estás en el camino de la abundancia.

Métodos probados de reprogramación mental para la prosperidad

Además de las afirmaciones, existen técnicas que ayudan a reprogramar la mente para atraer y aceptar la prosperidad. Voy a compartir tres métodos eficaces para que puedas complementar las afirmaciones y acelerar aún más tu progreso.

1. Visualización creativa

La visualización creativa es una técnica poderosa para construir una imagen mental clara de la realidad que deseas. *Funciona como una película que reproduces en* tu mente, en la que te ves experimentando todas las bendiciones de la abundancia financiera.

Para aplicar esta técnica, busque un lugar tranquilo, cierre los ojos y empiece a imaginarse viviendo la vida financiera de sus sueños. Intente incluir tantos detalles como sea posible: *¿qué ve a su alrededor, cómo se siente, quién está con usted?* Cuanto más realista y atractiva sea la visualización, más impacto tendrá en su subconsciente.

2. Anclaje emocional

El anclaje emocional consiste en asociar una emoción fuerte a una afirmación o visualización. Este método se utiliza mucho en Programación Neurolingüística (PNL) y ayuda a reforzar aún más el mensaje en el subconsciente. *Cuando se crea un anclaje emocional, la afirmación adquiere más fuerza.*

Intenta asociar un sentimiento de alegría, gratitud o plenitud con una de tus afirmaciones favoritas. Para ello, basta con decir la frase y, al mismo tiempo, recordar un momento de gran alegría o gratitud. Con el tiempo, tu cerebro asociará la afirmación con esa emoción, potenciando el efecto.

3. Autohipnosis para la abundancia

La autohipnosis es una poderosa herramienta para acceder al subconsciente e instalar creencias positivas. Puedes hacerlo escuchando grabaciones guiadas o incluso creando un guión de autohipnosis con las afirmaciones de prosperidad que más desees. *Este método funciona porque, en estado de hipnosis, la mente es más receptiva a nuevas ideas.*

Para empezar, siéntate en un lugar cómodo, relájate y escucha una grabación centrada en la abundancia y la prosperidad. También puedes grabarte repitiendo tus afirmaciones y escucharlas mientras te relajas. La repetición y un estado mental tranquilo facilitan la asimilación de nuevas ideas.

El lenguaje de los millonarios

Un hecho interesante es que las personas con gran éxito financiero suelen tener algo en común: *utilizan un lenguaje positivo y optimista cuando hablan de dinero y oportunidades.* En lugar de decir "no puedo" o "no tengo suficiente", dicen cosas como "encontraré la manera" o "puedo hacer que suceda". Este tipo de lenguaje refleja una mentalidad de abundancia, que a su vez atrae más oportunidades.

Investigadores de Harvard descubrieron que este patrón lingüístico optimista no sólo aumenta la confianza en uno mismo, sino que también reduce el estrés y aumenta la resiliencia, factores clave para el éxito financiero [Seligman, 2002].

Guía paso a paso para aplicar técnicas de reprogramación

Aquí tienes una guía práctica para poner en práctica todo lo que has aprendido en este capítulo:

1. **Elige de 3 a 5 afirmaciones poderosas que resuenen contigo** y repítelas todos los días, por la mañana y por la noche.

2. **Practica la visualización creativa durante al menos 5 minutos al día,** imaginándote en una vida de abundancia económica.

3. **Crea un ancla** emocional asociada a tu

afirmación favorita. Siéntete realmente feliz y agradecido cuando la repitas.

4. **Pruebe la autohipnosis** con una grabación guiada o grabe sus propias afirmaciones. Escúchalas en un momento de relajación para una mayor absorción.

5. **Evita el lenguaje negativo o limitador sobre el dinero** y sustitúyelo por palabras de abundancia y posibilidad.

Historias de éxito con afirmaciones y reprogramación mental

Para ilustrar el poder de estas técnicas, me gustaría compartir la historia de Carlos, un empresario que siempre había luchado por alcanzar sus objetivos financieros. Carlos era escéptico sobre el poder de las afirmaciones, pero decidió probarlas. Empezó con afirmaciones sencillas, repitiéndose cada día que era capaz y merecedor de prosperidad. Poco a poco, notó que su confianza en sí mismo aumentaba y que empezaba a tomar decisiones empresariales más audaces y asertivas. Al cabo de unos meses, informó de un aumento significativo de sus ingresos y de un cambio total en su visión de la vida.

Recuerda: tú también puedes transformar tu vida financiera y vivir en abundancia. Estas técnicas son como un entrenamiento para la mente: cuanto más practiques, más fuerte será tu mentalidad de prosperidad.

CAPÍTULO 5: EL PODER DEL DESAPEGO

"El verdadero poder no reside en aferrarse, sino en saber soltar".

Es curioso lo contradictorio que puede parecer el concepto de desapego cuando hablamos de atraer la prosperidad financiera. Para muchos, la idea de "dejar ir" o "desapegarse" del dinero suena como un riesgo que nadie quiere correr. Después de todo, ¿cómo podríamos conseguir algo si, en primer lugar, dejamos ir la necesidad de tenerlo? Sin embargo, dejar ir es una de las claves para que el dinero fluya en tu vida. *Al dejar ir la ansiedad y la obsesión por los resultados financieros, permites que la energía del dinero se mueva libremente, encontrando formas de llegar a ti.*

Muchas tradiciones espirituales y prácticas de mindfulness hablan de la importancia de liberarse de las ataduras del apego. Y aunque esto pueda parecer un concepto abstracto, hay una razón práctica y científica detrás de ello. *Cuando estamos apegados a un resultado concreto, creamos tensión, y esta tensión cierra nuestra mente a alternativas y oportunidades.* ¿Te has dado cuenta de que, cuando estás obsesionado con algo, las posibilidades parecen escasas? Y al contrario, cuando estamos más relajados, las nuevas oportunidades parecen surgir con más facilidad?

Exploraremos cómo puedes aplicar el poder del desapego a tu vida financiera de una forma práctica y accesible. También veremos historias de personas que han conseguido transformar sus finanzas comprendiendo y practicando el desapego con sabiduría y equilibrio.

Por qué el desapego permite que fluya el dinero

En primer lugar, es importante entender qué significa realmente desprenderse del dinero. No se trata de despreciar su valor ni de "abandonar" tus finanzas. Al contrario, desprenderse es liberarse de la presión, la ansiedad y el miedo que puede generar la obsesión por el dinero. Cuando estás constantemente preocupado por la escasez o la necesidad de acumular, tu mente se cierra y se estanca. *La energía del dinero necesita libertad para circular*, igual que el aire que respiramos o el agua que fluye en un río. Si pones un dique a la corriente, bloqueas el flujo.

En términos prácticos, el desapego financiero implica desarrollar confianza en ti mismo y en tus capacidades para atraer recursos. Cuando no estás desesperadamente obsesionado por controlar el flujo de dinero, adquieres la claridad y la paz mental necesarias para ver las oportunidades que pueden traer prosperidad. *El dinero fluye allí donde tú estás abierto y dispuesto a recibirlo sin miedo.*

Mucha gente se da cuenta de que obsesionarse con el dinero puede incluso alejar las oportunidades. Un ejemplo sencillo: imagina que estás tan preocupado por ahorrar cada céntimo que no inviertes en algo que realmente marcaría la diferencia en tu carrera. Este apego al "ahorro" puede significar perder de vista una mayor oportunidad de crecimiento. El desapego, en cambio, te permite tomar decisiones con claridad y visión a largo plazo, en lugar de guiarte sólo por el miedo a perderte algo.

Prácticas de desapego financiero: ejercicios y técnicas

Para desapegarse de forma equilibrada, es esencial practicar algunas técnicas que le ayudarán a sentirse más seguro y tranquilo en su relación con el dinero. He aquí algunas prácticas sencillas y poderosas para poner en práctica el desapego financiero:

1. **Defina sus objetivos financieros, pero renuncie a un control excesivo sobre ellos**

Empieza por fijar objetivos claros para tu vida financiera: *ahorros para emergencias, una cantidad específica para inversiones o un proyecto que te gustaría realizar.* Una vez fijados estos objetivos, céntrate en actuar con coherencia, pero sin aferrarte obsesivamente al resultado. No pierdas de vista tus objetivos, pero confía en que, siguiendo tus estrategias, el camino se irá construyendo poco a poco.

2. Practicar la gratitud financiera

Dejar ir puede ser mucho más fácil si practicas la gratitud. Haga un ejercicio diario o semanal: escriba *cinco aspectos positivos relacionados con el dinero que ya tiene en su vida*. Pueden ser desde pequeños logros, como pagar una factura a tiempo, hasta recibir elogios por tu trabajo. *Este ejercicio ayuda a cambiar el enfoque de la escasez a la abundancia*, alimentando la confianza en que lo que necesitas está a tu alcance.

3. Adquiera el hábito de donar con regularidad

Dar es una forma práctica y poderosa de desprenderse. Y no hablamos sólo de grandes sumas. Puede ser una pequeña cantidad para una causa en la que crees, o incluso para ayudar a un amigo. *Cuando te permites donar, te estás indicando a ti mismo que confías en tu capacidad para ganar más.* Los estudios demuestran que dar activa zonas del cerebro relacionadas con el bienestar y la sensación de abundancia. Al practicar el dar, automáticamente reduces tu miedo a la pérdida y cultivas una mentalidad más tranquila hacia el dinero.

4. Que el dinero circule conscientemente

Practica el "dejarse llevar". *Cuando recibas una suma inesperada de dinero, piensa en formas conscientes de utilizarlo, sin ansiedad por ahorrar hasta el último céntimo.* Esto podría significar invertir en algo que te guste, una experiencia que mejore tu bienestar o un curso para mejorar tus habilidades. Cuando ves que el dinero circula y vuelve a ti, es más fácil confiar en el flujo del dinero.

Casos prácticos: El desapego en la práctica

Para comprender mejor el impacto del desapego financiero, echemos un vistazo a algunas historias inspiradoras que ilustran cómo esta práctica puede transformar vidas.

Luiza era una mujer que, tras años de inestabilidad financiera, empezó a ahorrar obsesivamente hasta el último céntimo, negándose incluso a gastar en artículos de primera necesidad, lo que acabó afectando a su salud y bienestar. Cuando conoció la práctica del desapego, empezó a establecer un pequeño "fondo de experiencias", una cantidad destinada a gastos que realmente la hacían feliz. Poco a poco, se dio cuenta de que su relación con el dinero se aligeraba y que, paradójicamente, *cuanto menos se aferraba al control absoluto, más oportunidades surgían.* Hoy, Luiza gestiona su dinero con más equilibrio y afirma que su confianza en sí misma y en las posibilidades que la rodean ha aumentado considerablemente.

Otro ejemplo es el de *Carlos*, un joven

empresario que, cuando puso en marcha su propio negocio, sintió una gran presión por obtener beneficios inmediatos. Dice que pasaba noches en vela planificando cada detalle y preocupándose constantemente por el flujo de caja. Fue entonces cuando un mentor le sugirió que adoptara una mentalidad más desapegada hacia el negocio. *"Céntrate en ofrecer el mejor servicio y los beneficios vendrán solos"*, le aconsejó. Con el tiempo, Carlos empezó a practicar el desapego. Se dio cuenta de que concentrándose en ofrecer un servicio de calidad y dejando de lado la ansiedad por los beneficios inmediatos, los clientes empezaron a valorar más su trabajo y el negocio prosperó. Hoy, Carlos siempre se repite: *"Confiar en el flujo es la base de mi prosperidad"*.

Transformar la mentalidad: el equilibrio entre el desapego y la responsabilidad

Desprenderse del dinero no significa descuidar su vida financiera. Al contrario, *es un equilibrio entre responsabilidad y confianza*, que permite una relación más sana con el dinero. Establecer una rutina financiera sólida, como planificar y controlar los gastos, es esencial. Sin embargo, una vez hecho esto, el desapego ayuda a evitar que la presión y el miedo dominen las decisiones.

Este equilibrio puede compararse con sostener una bola de arena. *Cuanto más aprietas la mano, más arena se escapa por los dedos.* Lo mismo ocurre con el dinero: cuanto más te aferras al control absoluto, más oportunidades puedes perder. Si aflojas un poco el agarre, haciendo que la bola de arena sea más ligera en tu mano, la mantienes a salvo pero libre para fluir.

He aquí algunos pasos para equilibrar el desapego con la responsabilidad:

1. **Revise sus objetivos periódicamente**: planifique sus finanzas, pero establezca intervalos para revisar sus objetivos y necesidades. Esto te ayuda a mantenerte centrado sin dejarte asfixiar por el control diario.

2. **Practica la confianza en ti mismo y en tus capacidades**: trabaja para desarrollar habilidades que aumenten tu seguridad financiera, pero confía en que tus esfuerzos darán resultados a su debido tiempo.

3. **Evita el miedo a gastar con un propósito**: Si identificas un gasto que realmente puede ayudar a tu desarrollo personal o a tu bienestar, permítete invertir. El retorno emocional y psicológico es también una forma de prosperidad.

Cultivar la frecuencia del dinero mediante el desapego

Al soltar, empiezas a operar en un nivel superior de abundancia y prosperidad. *La frecuencia del dinero, como algunos la llaman, responde a la mentalidad de apertura y fluidez.* Cuando confías en el flujo del dinero y en tu propio valor, el dinero fluye de forma natural. En cambio, cuando hay miedo y tensión, el flujo se bloquea.

Imagina la frecuencia del dinero como un baile: cuando eres ligero y estás sincronizado con el ritmo, los pasos fluyen y se vuelven naturales. *Al igual que en el baile, en el flujo del dinero tienes que encontrar el ritmo y dejar que el movimiento te siga.* Cultivar el desapego es como sintonizar con esta frecuencia, permitiendo que el dinero fluya sin que tengas que forzar cada paso.

Practique el desapego y aumente su libertad financiera

Al final de este capítulo, te invito a que intentes aplicar estas prácticas de desapego financiero en tu vida diaria. El poder del desapego no está en renunciar a tus sueños, sino en confiar en el proceso y liberarte de la presión constante por el control absoluto. *Con el equilibrio adecuado entre responsabilidad y confianza, permites que la energía del dinero fluya de forma más natural, haciendo que la prosperidad sea una presencia constante en tu vida.*

El desapego no es una práctica de pérdida, sino de ganancia: ganar libertad, confianza y claridad. Al soltar el miedo y el apego, ganas una nueva relación con el dinero que te ayudará a construir la vida de abundancia que mereces.

CAPÍTULO 6: ACCIONES Y PRÁCTICAS ALINEADAS CON LA ABUNDANCIA

"La prosperidad es un estado del ser, pero se construye con acciones diarias".

Si quieres alcanzar la verdadera abundancia financiera, tienes que darte cuenta de que los pensamientos y las afirmaciones son sólo una parte del proceso. Para que el dinero fluya con facilidad y constancia, es esencial que tus acciones cotidianas estén en armonía con esta intención de prosperidad. En otras palabras, además de cultivar una mentalidad de abundancia, tienes que alinear tus prácticas financieras con esta nueva visión.

La buena noticia es que puedes empezar ahora, independientemente de dónde te encuentres. En este capítulo, exploraremos prácticas concretas para atraer la prosperidad a través de la gestión financiera consciente, la planificación y la organización. Y lo que es más importante, verás cómo pequeñas acciones diarias pueden crear una mentalidad próspera y duradera.

Estrategias prácticas de gestión financiera para atraer la prosperidad

Cuando hablamos de prosperidad, a menudo pensamos en suerte, oportunidades inesperadas o incluso ganancias repentinas. Pero en realidad, la prosperidad financiera es algo que construimos. No importa cuánto dinero tengas hoy; lo que importa es cómo lo gestionas. *La gestión financiera es una herramienta esencial para crear y mantener la abundancia.*

1. establecer objetivos claros

La primera acción práctica para atraer la prosperidad es fijar objetivos financieros claros. *Es más difícil prosperar sin un destino concreto*. Imagina que navegas sin rumbo; cualquier sitio parece satisfactorio, pero lo cierto es que casi nunca llegas al lugar que realmente deseas.

Así que empiece por enumerar sus objetivos financieros. Piense en objetivos a corto, medio y largo plazo. Pregúntese: *¿Qué quiero conseguir realmente desde el punto de vista financiero en los próximos meses y años?* Estos objetivos podrían incluir la constitución de una reserva para emergencias, la compra de una propiedad, la creación de un fondo de jubilación o incluso la realización de un viaje de ensueño.

Al establecer objetivos específicos, creas una visión más clara de lo que quieres. Esto es fundamental para que tus acciones diarias empiecen a avanzar hacia esos logros. Además, los estudios demuestran que el simple hecho de fijarse objetivos aumenta las posibilidades de alcanzarlos [Locke & Latham, 2002] .

2. Organice sus finanzas

La organización financiera es uno de los pilares de la prosperidad. Sin ella, es fácil perder el control del dinero, gastar más de lo debido y sentirse constantemente en un ciclo de carencias. Para empezar a organizar tus finanzas, anota todos tus gastos e ingresos. Hazlo detalladamente, anotando tanto los grandes gastos como los pequeños gastos del día a día.

Ten en cuenta que cada dólar que gastes debe estar alineado con tus objetivos y la vida que quieres construir. Una herramienta muy útil para organizar tus finanzas es el método del sobre o la creación de categorías de gasto. Esta sencilla práctica te ayuda a visualizar en qué se emplea tu dinero y a hacer los ajustes necesarios.

Considera también la posibilidad de utilizar aplicaciones de finanzas personales u hojas de cálculo para controlar tus ingresos y gastos.

Facilitan el seguimiento y te ofrecen una imagen clara de tu situación financiera. *Cuanto más controlas tu dinero, más fácil te resulta ver cómo puedes aprovecharlo mejor.*

3. Adoptar el hábito de ahorrar con constancia

La falta de prosperidad suele deberse a la falta de hábitos de ahorro. Pero el secreto está en empezar poco a poco. *La abundancia es un viaje, y no tienes que esperar tener grandes sumas de dinero para iniciar un hábito de ahorro.* Intenta apartar una pequeña cantidad cada mes, aunque sólo sea una pequeña cantidad al principio.

Los estudios demuestran que quienes ahorran con regularidad, aunque sea en pequeñas cantidades, consiguen acumular con el tiempo una reserva importante [Thaler & Benartzi, 2004] . Este simple acto de ahorrar crea una mentalidad de abundancia y genera una mayor tranquilidad financiera.

4. Crear una reserva de emergencia

Una reserva de emergencia es esencial para cualquiera que quiera vivir prósperamente. Representa la seguridad que te permite hacer frente a imprevistos financieros sin poner en peligro otras áreas de tu vida. Para empezar, fije una cantidad objetivo para su reserva, normalmente entre tres y seis meses de sus gastos mensuales. Ahorrar para esta reserva es un acto de amor propio y responsabilidad, ya que te garantiza que tendrás apoyo en situaciones inesperadas.

5. Estudio sobre inversiones

Invertir es una de las formas más eficaces de multiplicar su dinero. No se trata de convertirse en un experto de la noche a la mañana, sino de empezar a familiarizarse con los fundamentos del mundo de la inversión. Hay varias opciones, desde inversiones conservadoras como ahorros y tesorerías directas hasta opciones más arriesgadas como acciones y criptodivisas. *Lo importante es dar el primer paso, aunque sea en algo pequeño y seguro.*

Recuerde que invertir no es un juego de azar, sino una estrategia para generar prosperidad a largo plazo. A medida que empiece a entender cómo funciona el mercado y busque más conocimientos, le resultará más fácil encontrar inversiones que se ajusten a sus objetivos y a su perfil.

Planificación financiera, organización e inversión

La planificación financiera es el primer paso para alinear tus acciones con una vida próspera. La planificación financiera es un ejercicio de visualización, acción y compromiso. *Te permite saber hacia dónde vas y te hace tomar decisiones más conscientes sobre el uso de tu dinero.*

1. Crear un plan de gastos consciente

Una práctica poderosa consiste en crear un plan de gastos acorde con tus valores y objetivos. No se trata de un "presupuesto" en sentido restrictivo, sino de una forma de dirigir tu dinero hacia lo que realmente te importa. Adoptando este tipo de planificación, evitarás gastos innecesarios y crearás más espacio para invertir en lo que realmente te compensa.

Para crear este plan, haz una lista de tus principales gastos fijos, como el alquiler, las facturas y la comida, y añade una cantidad para ocio y otros intereses. Así evitarás la sensación de privación, pero te asegurarás de que cada gasto esté alineado con tus objetivos.

2. Invierta en su educación financiera

Estar bien informado es uno de los principales secretos para prosperar financieramente. No se trata de saberlo todo, sino de tener una base sólida y buscar continuamente nuevos conocimientos. Lea libros sobre finanzas, participe en talleres y vea vídeos educativos. *Cuanto más aprendas, más seguro estarás de tomar decisiones que aumenten tu prosperidad.*

Un dato interesante es que, según los estudios, las personas con mayores conocimientos financieros tienen más probabilidades de acumular riqueza a lo largo de su vida, ya que son capaces de tomar decisiones más informadas y estratégicas sobre el dinero [Lusardi & Mitchell, 2014] .

Cómo las pequeñas acciones diarias crean una mentalidad próspera

En última instancia, la prosperidad no consiste sólo en grandes cambios, sino también en pequeñas actitudes cotidianas que reflejen una mentalidad de abundancia. Voy a compartir algunos ejemplos sencillos que puedes aplicar en tu vida diaria para fortalecer tu conexión con la abundancia.

1. Practica la gratitud financiera

Agradecer lo que ya tienes es uno de los hábitos más poderosos para cultivar la abundancia. Cada noche, escriba tres cosas por las que esté agradecido en relación con sus finanzas. Puede ser una compra que le haya aportado satisfacción, unos ingresos extra o incluso la oportunidad de aprender más sobre inversiones. *La gratitud activa el cerebro para que se centre en lo positivo y atraiga más de ello a su vida* [Emmons & McCullough, 2003] .

2. Centrarse en las soluciones

Cuando surja un reto financiero, evite el impulso de centrarse en el problema. En su lugar, piense en las soluciones. Este cambio de enfoque ayuda a reducir el estrés y estimula la creatividad. *Las personas prósperas tienen la capacidad de ver soluciones y seguir siendo resilientes, incluso en situaciones adversas.*

3. Reflexionar y celebrar los pequeños logros

Cada paso que das hacia la abundancia es digno de celebración. Aprecia cada pequeño logro, como ahorrar un poco más en un mes o invertir por primera vez. *Celebrar estas pequeñas victorias refuerza la mentalidad de progreso y crecimiento continuo.*

4. Dona generosamente

Uno de los mayores secretos de la prosperidad es la

generosidad. Cuando das, aunque sea en pequeñas cantidades, le estás diciendo al universo que confías en el flujo de la abundancia. También te sientes más próspero cuando te das cuenta de que tienes suficiente para compartir.

Un ejemplo inspirador: la historia de Sofía

Sofía es una joven que, desde muy pequeña, aprendió la importancia de la educación financiera. Incluso con unos ingresos modestos, siempre ahorró parte de lo que ganaba. Con el tiempo, Sofía aprendió sobre inversiones y empezó a invertir su dinero. En pocos años, su disciplina y paciencia dieron sus frutos: consiguió la independencia financiera y pudo hacer realidad varios sueños.

El ejemplo de Sofía nos demuestra que, con acciones sencillas y coherentes, cualquiera puede alcanzar la prosperidad. No se trata de cuánto tienes hoy, sino de cómo cuidas lo que tienes y cuánto crees en tu capacidad para transformar tu realidad.

CAPÍTULO 7: PERMANECER EN LA FRECUENCIA DE LA ABUNDANCIA

"La verdadera prosperidad no es algo que conseguimos, sino una frecuencia en la que elegimos vivir".

Vivir en abundancia no es sólo cuestión de dinero o bienes materiales; se trata de mantener una mentalidad y un estado de ánimo que permanezcan firmes, independientemente de las circunstancias externas. Pero, ¿cómo es posible? ¿Cómo podemos mantener una frecuencia de abundancia incluso en medio de los retos financieros que inevitablemente surgen a lo largo de la vida?

En este capítulo, exploraremos técnicas que ayudan a mantener el enfoque y la frecuencia en la prosperidad, incluso cuando surgen situaciones difíciles. Hablaremos de la importancia de afrontar los altibajos sin desviarse del camino, de las prácticas de atención plena y meditación que cultivan una mentalidad próspera, y de cómo el entorno y las personas que nos rodean influyen en nuestra capacidad para atraer y mantener la abundancia.

Cómo afrontar los altibajos financieros sin desanimarse

Una de las verdades de la vida es que, como las mareas, nuestras finanzas también fluctúan. Habrá épocas de abundancia y épocas de restricción. *El secreto no está en evitar los vaivenes, sino en cómo respondemos a ellos.* Cuando nos enfrentamos a dificultades financieras, nuestro primer instinto puede ser el miedo, la ansiedad o la frustración. Sin embargo, estos sentimientos, aunque naturales, tienen el poder de alejarnos de la frecuencia de la abundancia, haciendo aún más difícil superar el momento.

Para ayudarle a mantenerse alineado, he aquí algunas estrategias para afrontar estos periodos sin perder de vista la prosperidad:

1. Aceptar la incertidumbre con confianza

Cuando te das cuenta de que la escasez es sólo una fase temporal, es más fácil permanecer en paz. Recuerda que el éxito financiero no es una línea recta y que los altibajos forman parte del camino. *Elige ver cada reto como una oportunidad para aprender y crecer.*

Un ejemplo interesante procede del mercado de inversión. Los inversores experimentados saben que en tiempos de crisis hay oportunidades de crecimiento. Mantienen la calma y miran más allá de la situación inmediata. Del mismo modo, puedes ver las crisis como una oportunidad para mejorar tu relación con el dinero y la abundancia.

2. Revise sus logros

Cuando te enfrentes a un reto financiero, tómate unos minutos para reflexionar sobre todo lo que has conseguido hasta ahora. *Recordar tus victorias y progresos renueva tu confianza y te ayuda a mantener tu mente en la frecuencia de la abundancia.* Los estudios de psicología demuestran que centrarse en lo que ya tenemos genera un estado de satisfacción y atrae más experiencias positivas [Emmons & McCullough, 2003] .

Una técnica práctica para ello es llevar un "Diario de la Abundancia", donde anotar logros, agradecimientos y momentos de prosperidad. En los momentos difíciles, revisar estas notas puede ser un poderoso recordatorio de que la prosperidad es un estado interno y de que has experimentado esta energía muchas veces.

3. Permanecer en acción

En tiempos de crisis, el miedo suele paralizarnos. Pero *lo que realmente ayuda a salir de una situación difícil es la acción, aunque sea en pequeños pasos.*

Por ejemplo, revisar el presupuesto, encontrar nuevas fuentes de ingresos o buscar asesoramiento financiero. Cualquiera que sea la acción, te ayudará a recuperar el sentido del control y a volver a alinearte con la frecuencia de la abundancia.

Un ejemplo de ello es algo que mucha gente hace en tiempos de dificultades financieras: "desempacar". Deshacerse de lo que ya no es útil o necesario puede tener un efecto positivo en varias áreas de la vida, incluidas las finanzas. Al vender los objetos que ya no utilizas, creas una sensación de espacio y renuevas la energía que te rodea.

Prácticas de atención plena y meditación centradas en la abundancia

Practicar la atención plena y la meditación puede ser una herramienta poderosa para mantenerse en la frecuencia de la abundancia. Atención plena significa estar presente en el momento, con aceptación y sin juzgar. La meditación, por su parte, es una práctica que ayuda a aquietar la mente, reduciendo el estrés y promoviendo un estado de tranquilidad.

Las investigaciones demuestran que las prácticas de mindfulness pueden ayudar a reducir la ansiedad y aumentar la satisfacción vital, factores que contribuyen a una mentalidad de abundancia [Brown & Ryan, 2003] .

1. meditación de gratitud para la abundancia

Una práctica sencilla y eficaz es la meditación de

agradecimiento. Para ello, busca un lugar tranquilo y cómodo. Cierra los ojos y respira profundamente, centrando tu atención en cada inhalación y exhalación. Al cabo de unos minutos, empieza a reflexionar sobre todo lo que ya tienes y valoras en tu vida. Imagínate inmerso en sentimientos de gratitud.

Esta sencilla práctica reprograma tu mente para percibir y atraer más abundancia. Es una forma de entrenar el cerebro para que valore lo que ya existe, creando una base sólida para atraer más. Los estudios indican que la gratitud activa áreas del cerebro asociadas al placer y la recompensa, reforzando la sensación de bienestar y fomentando la prosperidad [Fox et al., 2015] .

2. Visualizar la abundancia

La visualización es una poderosa técnica que utiliza imágenes mentales para generar sensaciones y estimular la mente para alcanzar objetivos. Para practicar la visualización de la abundancia, imagínese viviendo una vida próspera, con todo detalle. *Visualiza lo que quieres conseguir, cómo sería tu rutina y siente la satisfacción de haber alcanzado esos sueños.*

Al visualizar con regularidad, entrenas tu mente para percibir las oportunidades y alinear tus acciones con tus objetivos. Este ejercicio es una forma eficaz de mantenerse motivado y conectado con la frecuencia de la prosperidad.

3. Ejercicio de respiración para la estabilidad emocional

Cuando aparece la ansiedad financiera, una práctica eficaz es la respiración consciente. Inhala profundamente durante cuatro segundos, mantén el aire durante cuatro segundos y exhala lentamente durante otros cuatro. *Esta técnica ayuda a calmar el sistema nervioso y reduce el estrés, manteniendo la mente más despejada y centrada en la abundancia.*

Rodéate de influencias y entornos positivos

La influencia del entorno en nuestra mentalidad financiera es un factor poderoso, pero a menudo subestimado. Lo que consumes a diario, ya sean conversaciones, noticias o ambientes, afecta directamente a tu estado emocional y, en consecuencia, a tu capacidad para mantenerte en la frecuencia de la abundancia.

1. elige bien a tus compañeros

La famosa frase de Jim Rohn, "Eres la media de las cinco personas con las que pasas más tiempo", se aplica perfectamente en este caso. Rodearse de personas que comparten una visión positiva de la vida y la prosperidad puede ser un gran diferenciador. *Cuando convives con personas que valoran el crecimiento y la abundancia, es natural adoptar esta mentalidad.*

2. Consumir contenidos inspiradores

Lo que lees, escuchas y ves afecta a tu mentalidad.

Elige contenidos que promuevan la abundancia, enseñen sobre educación financiera e inspiren autoconocimiento. *Leer historias de personas que han alcanzado la prosperidad y escuchar charlas motivacionales son formas de alimentar tu mente con ideas que te acerquen a la frecuencia de la abundancia.*

3. Crear un espacio que respete y atraiga la prosperidad

Organizar y cuidar tu espacio físico es una práctica que a menudo se pasa por alto, pero que puede tener un impacto significativo en tu frecuencia de prosperidad. Un entorno limpio y organizado que refleje tus objetivos y valores crea una sensación de bienestar. *Es más, el acto de cuidar tu espacio físico es un reflejo de la forma en que cuidas tu vida financiera y tus objetivos.*

Un ejemplo de ello procede de las prácticas del feng shui, una antigua filosofía china que enseña a organizar los ambientes para atraer la prosperidad y el bienestar. Según el feng shui, pequeños ajustes en el espacio físico pueden tener un impacto positivo en la vida financiera y emocional.

Un ejemplo real: la historia de Marcelo

Marcelo trabajaba en una empresa de tecnología, pero siempre sentía que, a pesar de sus esfuerzos, algo impedía que su vida financiera prosperara. Tras conocer la frecuencia de la abundancia, Marcelo decidió introducir pequeños cambios en su vida. Empezó a meditar con regularidad, visualizando la vida próspera que deseaba, y decidió reorganizar su espacio, eliminando los objetos que ya no utilizaba.

Además, Marcelo se relacionó con personas que compartían su visión del crecimiento. Poco a poco, notó cambios positivos, como oportunidades de crecimiento en el trabajo y una mayor claridad sobre cómo gestionar su dinero. *El viaje de Marcelo nos muestra que, con pequeñas prácticas diarias, podemos alinearnos con la frecuencia de la abundancia y transformar nuestra realidad.*

CONCLUSIÓN: SU NUEVA VIDA EN SINTONÍA CON LA PROSPERIDAD

En este viaje hacia la frecuencia de la prosperidad, exploramos cómo podemos alinear nuestros pensamientos, emociones y acciones para conectar con la abundancia verdadera y duradera. Como ya hemos comentado, la prosperidad no consiste solo en acumular riqueza material, sino en alcanzar un estado de equilibrio y confianza, una mentalidad de abundancia que nos permita ver y aprovechar las oportunidades que nos ofrece la vida.

En primer lugar, vimos que el camino hacia la prosperidad financiera empieza por tomar conciencia de nuestros pensamientos y creencias sobre el dinero. A menudo arrastramos creencias limitantes que hemos adquirido a lo largo de nuestra vida y que crean una barrera invisible entre nosotros y lo que queremos conseguir. Superar estas creencias es un proceso que requiere autoconocimiento e intención. Al cuestionar los pensamientos de carencia y sustituirlos por afirmaciones positivas y alentadoras, ya estás reprogramando tu mente para una vida de éxito y realización.

Además, aprendimos que la ciencia moderna, especialmente la física cuántica y la neurociencia, apoya el poder de nuestros pensamientos e intenciones. Esto significa que cuando sintonizamos nuestros pensamientos con la frecuencia de la prosperidad, creamos espacio para que entren en nuestras vidas nuevas oportunidades y circunstancias positivas. Las pruebas científicas demuestran que los pensamientos positivos y los sentimientos de confianza y gratitud tienen el poder de cambiar nuestras percepciones y hacernos más receptivos a las oportunidades.

La gratitud, uno de los temas centrales de este libro, no sólo mejora nuestro bienestar emocional, sino que también influye directamente en nuestra relación con el dinero. La práctica de la gratitud nos ayuda a desarrollar una mentalidad de abundancia y a darnos cuenta de lo que ya tenemos, reduciendo la ansiedad y el miedo a la escasez. A través de la gratitud, podemos transformar el acto de tratar con el dinero en un intercambio armonioso, en el que cada transacción se ve como una forma de fortalecer nuestra vida y nuestro propósito.

Otro concepto importante es el desapego. A

veces nos obsesionamos tanto con determinados resultados que acabamos limitando nuestra propia capacidad de expansión y crecimiento. El desapego nos enseña a confiar en el flujo de la vida, a creer que lo nuestro llegará en el momento adecuado. Desprenderse no significa renunciar a los objetivos, sino dejar espacio para que las oportunidades lleguen de forma natural e inesperada. Esta práctica es esencial para cualquiera que desee sintonizar con la frecuencia de la prosperidad, ya que permite que nuestra energía fluya sin bloqueos, aumentando nuestra capacidad de atracción.

Para que la prosperidad financiera se mantenga, son esenciales acciones prácticas y coherentes. No basta con pensar en positivo o visualizar una vida abundante si nuestras prácticas financieras no reflejan este estado. Organizar las finanzas, controlar los gastos y ahorrar con regularidad son prácticas indispensables. Al igual que una planta necesita agua y cuidados constantes, la prosperidad requiere que cuidemos conscientemente de nuestros recursos y objetivos. Adoptar una actitud responsable y organizada hacia las finanzas es fundamental para que la abundancia sea un estado continuo y creciente.

Otro punto que exploramos es el poder de la visualización. La capacidad de imaginar claramente adónde queremos ir y cómo queremos vivir es una herramienta poderosa. La visualización nos permite anticipar el éxito y crear una imagen mental que guía nuestros pasos hacia nuestros sueños. Al visualizar con frecuencia una realidad próspera, reforzamos nuestros objetivos y mantenemos la motivación para alcanzarlos. La visualización no es sólo una práctica mental; es una forma de entrenar a nuestro cerebro para que actúe en consonancia con nuestros objetivos.

La verdadera prosperidad también implica generosidad y el deseo de compartir. Cuando practicamos la generosidad, ya sea mediante donaciones económicas, donaciones de tiempo o donaciones de conocimiento, estamos conectando con un flujo de abundancia que valora y respeta a los demás. Este ciclo de dar y recibir refuerza nuestra relación sana con el dinero y aumenta nuestra confianza en que siempre tendremos suficiente para nosotros y para los que queremos. La generosidad se convierte entonces en una expresión natural de abundancia y en un recordatorio de que la prosperidad es un camino compartido.

Por último, la práctica constante de estas acciones y valores nos lleva a mantener la frecuencia de la prosperidad en todos los ámbitos de la vida. Cuando estamos en sintonía con esta frecuencia, nuestra atención deja de centrarse únicamente en el dinero y empezamos a vivir con una sensación de plenitud, propósito y paz. Esto no significa que nunca nos enfrentaremos a dificultades, sino que estaremos preparados para superarlas con resiliencia y serenidad. La prosperidad, en este sentido, es una elección diaria que implica un compromiso con la positividad, la práctica de la gratitud y la confianza en nuestro propio valor y capacidad.

Te invito a ti, lector, a continuar este viaje, aplicando a tu vida las enseñanzas y prácticas que hemos explorado. La prosperidad comienza internamente, en la forma en que pensamos y sentimos, y se refleja en las decisiones que tomamos cada día. Al cultivar una mentalidad de abundancia, confianza y gratitud, estarás ajustando tu frecuencia para atraer las oportunidades, conexiones y experiencias que deseas. La frecuencia de la prosperidad es más que una práctica; es una filosofía de vida que puede transformar tu forma de relacionarte con el mundo y contigo mismo.

Que este libro sea una guía que te ayude a vivir con propósito, en armonía con la abundancia que te rodea. Y que, al entrar en esta frecuencia, descubras una prosperidad que va más allá del dinero, encontrando un verdadero equilibrio que te permita alcanzar tus mayores sueños y vivir una vida plena y realizada.

BIBLIOGRAFÍA RECOMENDADA

Esta lista contiene obras y autores citados y complementa las ideas de prosperidad, visualización, neurociencia y prácticas de desapego:

1. **Neurociencia y Psicología Positiva**

   - **"Positivity: Top-Notch Research Reveals the Upward Spiral That Will Change Your Life"** - Barbara Fredrickson
     Explora el impacto de las emociones positivas en la neuroplasticidad, un concepto central en la reprogramación de la mente para la prosperidad.

   - **"El poder de la neuroplasticidad"** - Shad Helmstetter
     Este libro trata de cómo la repetición de pensamientos influye en la reconfiguración mental, piedra angular del libro de Ayme sobre la prosperidad.

2. **Física cuántica e intención**

   - **"El campo: la búsqueda de la fuerza secreta del Universo"** - Lynne McTaggart
     Analiza el campo cuántico y cómo nuestras

intenciones influyen en la realidad, basándose en los principios explorados en el libro.

- **"El Quantum y el Loto"** - Matthieu Ricard y Trinh Thuan
  Combina la física cuántica y la espiritualidad, ampliando la idea de que somos cocreadores de la realidad financiera.

3. Ley de atracción y visualización

- **"El poder de tu mente subconsciente"** - Joseph Murphy
  Este clásico proporciona herramientas prácticas para la visualización financiera y la creación de creencias positivas sobre el dinero.

- **"Pide y se te dará: aprendiendo a manifestar tus deseos"** - Esther y Jerry Hicks
  Amplía el concepto de vibración y alineación con la abundancia, con prácticas para mantener la frecuencia de la prosperidad.

4. Gratitud y atención plena

- **"¡Gracias!: Cómo la nueva ciencia de la gratitud puede hacerte más feliz"** - Robert Emmons
  Fundamenta la importancia de la gratitud y cómo influye positivamente en la vida financiera y emocional.

- **"Donde quiera que vayas, ahí estás"** - Jon Kabat-Zinn
  Se centra en la práctica de la atención

plena para crear una relación equilibrada y positiva con el dinero.

5. Desapego y prosperidad

- **"El arte de la felicidad"** - Dalai Lama y Howard Cutler
  Explora la filosofía del desapego y su relación con la felicidad y el bienestar, conceptos que favorecen el flujo de la abundancia.

- **"Dejar ir: el camino de la rendición"** - David R. Hawkins
  Ofrece ideas sobre el desapego emocional y financiero, demostrando cómo dejar ir es una práctica esencial para la prosperidad.

6. Planificación financiera y educación financiera

- **"Tu dinero o tu vida"** - Vicki Robin y Joe Domínguez
  Presenta herramientas para transformar la relación con el dinero y construir una vida alineada con los valores personales.

- **"El hombre más rico de Babilonia"** - George S. Clason
  Este libro clásico ofrece lecciones prácticas e intemporales sobre planificación financiera y prosperidad.

Estos libros complementan las enseñanzas *de La Frecuencia de la Prosperidad*, permitiendo a los lectores profundizar en su conocimiento de la ciencia, la psicología, la filosofía y las prácticas espirituales para crear una vida financieramente abundante y equilibrada.

www.ingramcontent.com/pod-product-compliance
Lightning Source LLC
Chambersburg PA
CBHW070124230526
45472CB00004B/1407